Zur Lebensbegleitung

Foto auf der Titelseite:

Hubertus Scheurer mit seinen Eltern

<u>Widmung</u>

Ihr habt mich begleitet,
Ins Leben geleitet,
Ich hab Euch begleitet
Und Freude bereitet.

Lange, lange ist es her,
Daß ihr beiden seid nicht mehr,
Ich hab jedoch unterdessen
Euch geliebt und nie vergessen;

Möcht im herzlichen Gedenken
Diesen Lyrikband Euch schenken,
Er soll Menschen nun begleiten,
Die das Leben noch durchschreiten.

Zur Lebensbegleitung

Eine Auswahl besinnlicher Gedichte
als Richtschnur für das Leben
von

Hubertus Scheurer

Lyrik

Bibliografische Information der Deutschen Nationalbibliothek
Die Deutsche Nationalbibliothek verzeichnet diese Publikation
in der Deutschen Nationalbibliografie; detaillierte bibliografische
Daten sind im Internet über http://dnb.d-nb.de abrufbar.

2., erweiterte Auflage
© 2013 Hubertus Scheurer
Informationen über www.Hubertus-Scheurer.de

Satz, Umschlaggestaltung, Herstellung und Verlag:
Books on Demand GmbH, Norderstedt

ISBN 978-3-7322-1842-4

Inhaltsverzeichnis

Vorwort

Früher oder später ist alles vergessen,
Was einer sagt und was einer schreibt;
Dies wurde mir so klar unterdessen,
Daß mich von daher kein Ehrgeiz mehr treibt.

Was ich gedacht und was ich geschrieben,
Davon mache man gerne Gebrauch,
Und zwar ein jeder, ganz nach Belieben,
Es wird vergehen wie Schall und wie Rauch.

Mit diesem Lyrikband möchte ich erreichen, daß meine Gedichte „Zur Lebensbegleitung" verbreitet werden und möglichst lange erhalten bleiben.

Sie geben in der vorgenommenen Zusammenstellung Emotionen und Gedanken zu Liebe, dem Lebenssinn, dem Recht und der Freiheit, sowie der damit verbundenen Gesellschaftskritik, wieder.

Eine Lektüre für alle, die in der heutigen oberflächlichen Zeit Verantwortungsbewußtsein spüren und sich für Poesie interessieren.

Hubertus Scheurer

Der Mensch

Gewaltig Urgeschehens Macht,
Die grollend aus dem Schlaf erwacht
Und wütend aus Vulkanes Schlund,
Aus unergründbar tiefem Grund
Ans Tageslicht ergießt die Flut
Aus Gas, Gestein und Feuerglut.

Niemand kennt den Weg der Massen,
Die sich durch nichts mehr lenken lassen,
Und hier zum Unheil, dort zum Segen
Der Erde ihre Last auflegen.

Steine geschleudert in die Sphären
Rasend zur Erde wiederkehren;
Kein Stein kann seiner Bahn entfliehn,
Der Zufallslenkung sich entziehn.

Ein Stein zerschellt beim Aufprall gleich,
Ein andrer fällt behutsam weich;
Der eine landet zwischen Blumen,
Der andre zwischen Schotterkrumen.

Der Stein bleibt nicht an einem Ort,
Von außen her trägt es ihn fort;
Ihm fehlt, das was zum Mensch erhebt,
Die eigne Kraft, die in uns lebt.

Was unterscheidet sonst die beiden,
Ob sie ins Nichts ganz gleich verscheiden?
Der Mensch kann durch sein Tun auf Erden
Für die Erlösung würdig werden.

Träumen ein Lebenselixier

Die Zeit, die Du verbringst mit träumen,
Betrachten andere als säumen;
Mißt man die Schönheit der Natur
Denn auch an ihren Zwecken nur?

Wenn Euch umgibt ein Blütentraum,
Die Sonne um Euch wirbt,
Zwängt Ihr sie dann in einen Raum
Wo Schöpfungsglanz erstirbt?

Kennt Ihr bestimmt des Lebens Sinn,
Das, was man tut mit Recht,
Und lebt nicht selbst nur so dahin
Als eigner Weisheit Knecht?

Verbringen Menschen Zeit mit träumen,
Wird schnell gesagt, es wäre säumen;
Der Menschen Stoff, das Wort fällt ein,
Soll gleich dem ihrer Träume sein.

Wenn ich aus Stoff wie Träume bin,
Führt träumen mich zu mir,
Führt uns zu unsrem Wesen hin,
Ist Lebenselixier.

Kennt Ihr bestimmt des Lebens Sinn,
Das, was man tut mit Recht,
Und lebt nicht selbst nur so dahin
Als eigner Weisheit Knecht?

Ein stilles Gebet

Wir gleiten dahin und alles fließt,
In Freude und Leid;
Das Auge so hell die Träne ergießt,
Wie schön, daß Ihr seid!

Die Welt verliert sich in ihrem Streben,
In Habgier und Neid;
Es zählt, wie wir in unsrer Welt leben,
Ein Glück, wie Ihr seid!

Weil all das mir Liebe einmal vergeht,
Aus Freude wird Leid,
Trag ich im Herzen ein stilles Gebet,
Daß lange Ihr seid!

Herbstbild

Leben Dich fassen, Dich zu verstehn,
Gibt mir der Herbst vielleicht die Gedanken,
Wie im Winde die Blätter verwehn,
Mächtige Bäume ächzen und wanken.

Deutlich das Bild der herbstlichen Zeit:
Leben, Vergehen so eng verbunden,
Mahnendes Zeichen der Ewigkeit,
Aufruf zur Würde wahrhafter Stunden.

Ächzen, wanken, im Winde verwehn,
Flüchtiges Sein auf schwebendem Rund,
Glauben die Menschen so sicher zu stehn,
Fehlt ihnen Tiefe, fehlt auch der Grund.

Licht der Einsamkeit

Einsamkeit ist unser Wegbegleiter,
Kraft und Mut des Lebens Forderung;
Unaufhaltsam läuft im Wechsel weiter,
Freude, Jubel; Leid Erschütterung.

Sich vollenden, Ruhe Welt dir fern,
Nur durch Pflege, Streben wird erhalten;
Licht gibt uns der Schöpfung Gnadenstern,
Einen Garten planvoll zu gestalten,

Wenn für Dich der Partner sich gefunden,
Deinem Herz in Liebe fest vereint;
So besteht Ihr auch die schwersten Stunden
Und lebt doppelt, wenn Euch Sonne scheint.

Lebenswaage

Schalen unsrer Lebenswaage,
Auf und ab im Takt getragen,
Zählt die Freude und die Plage,
Nehmt hinfort von unsren Tagen.

Von dem Gegensatz bewegt,
Der euch senkt und wieder hebt,
Menschen Glück und Trauer trägt,
Weil Begehren in uns lebt.

Läßt uns Ruhe nie erreichen,
Macht die Zeit uns überlegen,
Sie bestimmt und stellt die Weichen,
Unsrem Wunsche stets entgegen.

Wird sie lieb, verspricht Gewinn,
Kann keine Macht sie halten,
Ist sie Qual und ohne Sinn,
Scheint Ewigkeit zu walten.

Zeit wird feindlich immer bleiben,
Wenn die Schalen sich bewegen;
Läßt der Mensch sich nicht mehr treiben,
Kann er sie in Ketten legen.

Wehmut

Die Welt schmeckt mir nach Abschied,
Auch wenn ich glücklich bin,
Als ob ein Hauch vorbeiflieht,
Trübt Wehmut meinen Sinn.

Der Herbst ist eingezogen,
Die Blätter fallen still,
Nie ward noch ausgewogen,
Was dieses Leben will.

Es bleibt mir eine Hoffnung,
Daß Liebe nicht vergeht,
Und wenn sie in Verzweiflung
Nur über Gräber weht.

An was solln wir uns binden?

An was solln wir uns binden,
Kann es ein Glaube sein;
Wenn Liebende sich finden,
Stehn sie nie mehr allein?

Wie soll man auch verstehen,
Daß Glück ein Zufall ist,
Und was zuvor geschehen
Ein Trug, den man vergißt?

Wir müssen uns fest binden
In uns, ehrlich bestrebt,
Und können Treue finden,
Solang sie in uns lebt!

Wahre Liebe

Welch wunderschöner Inhalt für ein Leben,
Die Liebe als das Wahre zu verstehn;
Sich einem Menschen wirklich ganz zu geben,
Das eigne Sein in ihm erhellt zu sehn.

Wer so strebt sich im andern zu vollenden,
Erreicht ein hohes Ziel, doch braucht er Mut,
Denn sollt' das Schicksal gegen ihn sich wenden,
Erlischt in seinem Herz die Liebesglut.

Wiewohl es lohnt, nach höhrem Sinn zu streben,
Weil nur das Schöne Würde uns verleiht,
Sich über das Gemeine zu erheben,
Verkörpert durch die Masse alle Zeit.

Schönheit

Schönheit, dies von Göttern ausgeliehne Pfand,
Liegt versteckt im Herzenslabyrinth,
Niemals war es sichtbar als ein Gegenstand,
Zeigt sich nur, wo reine Töne sind.

Dort erhebt es, bildet eigne Welten
Und vertieft den äußerlichen Glanz;
Gleichmaß hat für alles Tun zu gelten,
Liebe ist der Schönheit Lorbeerkranz.

In dem Mitleid liegt die Liebe

In dem andern selbst sich spüren,
Seine Tränen und sein Leid,
Zart die Seele zu berühren,
Mit ihm fühlen jederzeit,

Zeigt im Mitleid uns ein Lieben,
Das den andern nie vergißt,
Tief im Herzen eingeschrieben,
Vielleicht selbst die Liebe ist.

Unvergängliche Liebe

Die Blätter, wie sie im Winde verwehn,
Ein Bild für das menschliche Schicksalsgeschehn,
Denn alles Erleben, gleich welcher Zeit,
Verliert sich in Vergessenheit.

Nur wo wir zeitlich als ewig erscheinen,
Uns unvergänglich in Liebe vereinen,
Erreichen wir Unsterblichkeit,
Im liebevollen Leben zu zweit.

So können wir uns zum höchsten erheben,
Gleichsam im schönsten Sinn für ein Leben;
Mögen die Blätter im Winde verwehn,
Diese Liebe wird niemals vergehn.

Liebeszauber

Ihres Lächelns Zauber war
Milde, sonnenhaft,
Strahlte Wärme, wunderbar,
Innerlicher Kraft.

Ihrer Träne Zauberglanz
Ist mit diesem Lächeln wie
Ein verewiglichter Kranz
Zarter Liebesharmonie.

Die Blume der Freiheit

Die Blume der Freiheit braucht pflegende Hand,
Geleitet vom Herzen, gelenkt vom Verstand;
Nur so kann sie leben, beständig gedeihn,
Den Menschen verhelfen zu würdigem Sein.

Die Blume der Freiheit, sie blüht wunderschön,
Doch leider läßt oft man im Schatten sie stehn;
Ihr Platz wär im hellen, im sonnigen Licht,
Zu viele Menschen beachten sie nicht.

Erst wenn sie zertreten, ihr Dasein vergeht,
Wird ihrer gedacht, es ist dann zu spät.
Die Blume, nun Opfer gewaltsamer Macht,
Entfaltet als Wunschtraum die herrlichste Pracht.

Wie gern hätte man jetzt die Blume zurück,
Dieses Unterpfand für das menschliche Glück;
Die Blume zu sehen, wird zum höchsten Sinn,
Dafür gaben Menschen ihr Leben schon hin.

Die Blume der Freiheit braucht pflegende Hand,
Geleitet vom Herzen, gelenkt vom Verstand;
Nur so kann sie leben, beständig gedeihn,
Den Menschen verhelfen zu würdigem Sein.

Aus der Wahrheit leben

Einssein mit dem eignen Glauben,
Aus der Wahrheit, die wir leben,
Lassen wir uns niemals rauben,
Würden unser Leben geben,

Um es aufrechtzuerhalten
Gegen willkürliches rechten
Der verlognen Staatsgewalten,
Die mit ihrer Macht uns knechten.

Auch im Scheitern aufrechtstehen,
Damit setzen wir ein Zeichen,
Können noch im Untergehen
Einen Lebenssinn erreichen.

Menschenwürde

Wahrheit führt zum freien Sein,
Läßt den Mensch in Würde leben, [1]
Schränkt man seine Freiheit ein,
Wird es nicht die Wahrheit geben,

Wo bedingungslos bereit, [2]
Wir dem Grundgesetz uns stellen,
Mit dem Ziel der Menschlichkeit,
Seinen geistig reinen Quellen.

Jedem Einzelnen verpflichtet,
Seine Würde stets zu achten,
Sie als, so wurd einst gewichtet,
Unantastbar zu betrachten.

Wenn die staatliche Gewalt
Hier erblindet in dem Sehen,
Findet Wahrheit keinen Halt,
Wird der Rechtsstaat untergehen.

---

1) u. 2) sh. Karl Jaspers »Mitverantwortlich«
Die Philosophie in der Welt, Seite 199

Frage nach dem Sinn

Fragt man nach dem Sinn im Leben
Fällt so manchem gar nichts ein;
Wie wär's, würd man sich erheben,
Um verantwortlich zu sein?

Gegen Unrecht aufbegehren,
Durch das Leben aufrecht gehn,
Gegen Willkür sich erwehren,
Auch für andre einzustehn.

Sich nicht einfach führen lassen
Wie das Rindvieh, fest am Band
Als ein Teil gelenkter Massen,
Wozu hat man den Verstand?

Um im Leben Sinn zu finden,
Durch verantwortliches Sein
Werden alle Zweifel schwinden,
Und der Sinn, er stellt sich ein.*

---

*   Sh. Viktor E. Frankl,
     „Der Wille zum Sein", Seite 46

Ein heißes Eisen

Hier auf Mißstand hinzuweisen,
Zeigt sich, ist ein heißes Eisen;
Da dies offenbar bekannt,
Ändert sich auch nichts im Land.

Sich die Finger dran verbrennen,
Könnte man auch Dummheit nennen;
Wer will schon am Schluß allein,
Noch dazu der Dumme sein?

Gegen Mächt'ge aufbegehren,
Um das Unrecht abzuwehren,
Was nützt das, wenn Richter blind,
Hoher Herren Diener sind?

Uns mit Deutlichkeit aufzeigen,
Daß es besser ist zu schweigen,
Weil man sonst die Ordnung schafft
Mittels Ordnungsgeld und Haft.

Es nützt nichts, sich aufzureiben,
Alles muß beim alten bleiben,
Was der Bürger wissen sollt:
Red nicht! Schweigen, das ist Gold!

Treu und Redlichkeit

Üb immer Treu und Redlichkeit,
Ein Spruch aus längst vergangner Zeit;
Mit ihm hielt man den kleinen Mann
Seit jeher gern zur Arbeit an.

Das gleiche gilt fürs Steuerzahlen,
Damit des Staates Mühlen mahlen,
Möcht man auf Ehre und Gewissen
Nicht einen einz'gen Euro missen.

Ganz anders in der Führungsspitze,
Da macht man gerne seine Witze,
Die Redlichkeit, sie kommt von reden,
Gilt selbstverständlich nicht für jeden.

Nur jene, die schön reden können,
Dürfen sich wirklich etwas gönnen,
Sie finden immer neue Bahnen,
Um nochmal kräftig abzusahnen.

Wenn sie von Redlichkeit nichts spüren,
Fragt sich, wohin wird das noch führen,
Wie lange geht das gut, wie lange?
So manchem wird schon angst und bange.

Die andre Wange

Jemand schlug ihm auf die Wange,
Er hielt auch die andre hin,
Und, es dauerte nicht lange,
Traf ein weitrer Schlag sein Kinn.

Darauf wolln wir uns beschränken,
Wie die Sache weitergeht,
Mag sich jeder selber denken,
Wer hier seinen Mann nicht steht,

Wird gepeinigt und getreten,
Hat mit Bösem er Geduld,
Hilft kein Hoffen und kein Beten,
Erwächst daraus eigne Schuld.

Unrecht gilt es abzuwehren,
Und zwar mit der ganzen Kraft,
Es wird sich sonst weiter mehren,
Weil es stetig Unheil schafft.

Schau hinter die Kulissen

Schau hinter die Kulissen,
Dann wirst Du plötzlich sehn,
Daß auf der Bühne dieser Welt
Nur ganz normale Menschen stehn.

Man sagt, daß der Direktor
So gut wie alles kann,
Doch wenn er dann nach Hause kommt,
Hat seine Frau die Hosen an.

Der General beim Militär
Beeindruckt ganz enorm,
Kein Wunder, denn er trägt ja auch
Die allerschönste Uniform.

Das cover girl bezaubert,
Nimmt viele für sich ein,
Ist es erst wieder ungeschminkt,
War's oft dann nur ein schöner Schein.

Es gibt auch den Minister,
Der sich für'n Staatsmann hält,
Sieht man jedoch genauer hin,
Wird er gelenkt vom großen Geld.

Da predigt so manch einer
Moral, fühlt sich sehr schlau,
Und nimmt es selbst, wenn's keiner sieht,
Damit dann gar nicht so genau.

Schau hinter die Kulissen,
Dann wirst Du plötzlich sehn,
Daß auf der Bühne dieser Welt
Nur ganz normale Menschen stehn.

Heimat

Heimat würd den Ort ich nennen,
Wo sich Gleichgesinnte kennen,
Menschen, die einander achten,
Sich mit Freundlichkeit betrachten.

Die vereint den Rahmen geben,
Um in Frieden frei zu leben,
Ängstlich nicht beiseite stehen,
Ächten unrechtes Geschehen.

Wo nicht Einzelne verlachen
Recht und sich zu Herren machen
Über uns, uns unterdrücken,
Daß wir uns vor ihnen bücken.

Sich nicht im geringsten schämen,
Würde anderen zu nehmen,
Und noch Unterstützung finden,
Da muß das Vertrauen schwinden.

Dort, wo nicht die Obrigkeiten
Sich aus Eigennutz herleiten,
Über eigene Interessen
Allgemeines Wohl vergessen,

Sondern unser Tun begleiten,
Wege ebnen, vorbereiten,
Und für Recht und Ordnung stehen,
Dort würd ich die Heimat sehen.

Dein Gewissen muß Dich leiten

Dein Gewissen muß Dich leiten,
Überprüf es stets aufs neu,
Auch in Deinen schweren Zeiten,
Bleibe ihm von Herzen treu.

Dein Gewissen muß Dich lenken
Und begleiten den Verstand,
Ist bei allem klugen Denken
Unsrer Würde Unterpfand.

Mögen Dich die Menschen richten,
Laß sie werfen ihren Stein,
Können niemals Dich vernichten,
Hältst Du Dein Gewissen rein.

Das moralische Gefühl [*]

Einen Trost gibt es auf Erden,
Das moralische Gefühl,
Kann zur sichren Hoffnung werden
In der Welt, die leer und kühl.

Mag dem auch entgegenstehen,
Was verspricht den Scheingewinn,
Ziehn wir vor, den Weg zu gehen
Durch die Dornen hin zum Sinn.

Für ein Wohl, das uns zu eigen,
Erst geborn aus schwerer Pflicht,
Wolln wir keine Schwäche zeigen,
Sehn im Dunkeln doch das Licht,

Fern aus einem hellen Orte,
Es gibt für uns kein zurück,
Und dann öffnet sich die Pforte,
Führt zu einem höhren Glück.

---

[*] Sh. A. Schopenhauer »Aphorismen zur Lebensweisheit«
    herausgegeben von Rudolf Marx; dort:
    „Zur Einführung" Seite XVII

Unser guter Stern

Wenn Gefühle in uns mahlen,
Losgelöst vom Rationalen,
Die einander widerstreben,
Welchem soll man Vorrang geben?

Sind wir frei, wenn wir entscheiden
In dem Wechselspiel der beiden?
Der Charakter, uns zu eigen,
Wird uns eine Richtung zeigen.

Schaun wir in uns, mög uns leiten,
Auf dem rechten Weg begleiten
Unser guter Stern, uns führen,
Den wir tief im Innern spüren.

Warum ist es nur so?

Warum ist es nur so,
Daß sich die Menschen nicht verstehn,
Im andern gern das Schlechte sehn,
Ich frage Euch warum?

Warum ist es nur so,
Daß man sich heute noch bekriegt,
Wo doch am Ende keiner siegt,
Ich frage Euch warum?

Es wär schön, so schön, wenn man fortan nicht mehr
In Worten nur von Frieden spricht
Und ihn dann, als sein die Worte alle leer,
Entgegen jedem Vorsatz bricht.

Ich seh ein Kind, das vor mir stehen blieb,
Und seine Augen sagen,
Ich vertrau Dir, hab mich lieb,
Darum muß ich Euch fragen.

Warum ist es nur so,
Daß sich die Menschen nicht verstehn,
Im andern gern das Schlechte sehn,
Ich frage Euch warum?

Es wär schön, so schön, wenn jeder Mensch erkennt,
Daß allen diese Welt gehört,
Und den andren Menschen seinen Bruder nennt,
Mit ihm erbaut und nicht zerstört.

Ich traf ein Paar, das unzertrennlich ist,
Und hörte sie einst sagen,
Ich bin nur, wenn Du bist,
Darum muß ich Euch fragen.

Warum ist es nur so,
Daß sich die Menschen nicht verstehn,
Im andern gern das Schlechte sehn,
Ich frage Euch warum?

Oh Gott!

Oh Gott! Kein Mensch war bei dem Jungen
Als er aus dem Hochhaus verzweifelt gesprungen;
War zwölf, ist aus dem Fenster geklettert
Und wurde beim Aufprall grausam zerschmettert.

Er sprang der Gesellschaft ins Angesicht,
Die denkt an Fußball und merkte es nicht;
Die Fahnen flattern, man hört sie schon wieder,
Begeisterungsschreie und trunkene Lieder.

Auch die Politiker singen im Chor,
Da feiern sie mit, kein Trauerflor;
Der Rathausmarkt nicht auf Halbmast geflaggt,
Was zählt schon der Junge, wenn Fußball sie packt.

(Der Junge starb am 5. Juni 2008 in Hamburg-Lokstedt, Julius-Vosseler-Weg 134)

Was für eine Welt

Niemand kann sein Leid ermessen,
Was für eine Welt;
Von den meisten schon vergessen,
Bist für mich ein Held.

Ich bewundre diesen Jungen,
Seinen großen Mut,
Wie er in den Tod gesprungen;
Trauer bleibt und Wut.

Sicher könnt ich ihn gut leiden,
Hätt' ihn gern gekannt,
Ihn bewahrt vorm frühen Scheiden,
Ihm gereicht die Hand.

Engelswesen

Daran kann ich mich erbauen,
Wenn sie lächelnd zu mir schauen,
Kleine Kinder voll Vertrauen,
Daran kann ich mich erbauen.

Wenn sie mit den Händchen winken,
Ihre Äuglein lustig blinken;
Schön ist es sie anzuschauen,
Daran kann ich mich erbauen.

Engelswesen, diesen kleinen,
Mög die Sonne immer scheinen,
Wenn sie langsam größer werden,
Suchen ihren Weg auf Erden.

Am Kinderhort

Am Kinderhort komm ich vorbei,
Der Blick zum Spielplatz, er ist frei,
Und um den Kindern zuzusehen,
Bleib ich am Straßenrand jetzt stehen.

Für wenige Minuten bloß,
Es lohnt sich, denn hier ist was los;
Wie sie dort schaukeln und sich jagen,
Mitunter Purzelbäume schlagen;

Auf ihrem Kopf ein kleiner Hut,
Ein Mützchen, das steht ihnen gut;
Wie sie begeistert sind und lachen,
Mir damit eine Freude machen.

Setz ich dann fort den Morgengang,
Bewegt von ihrem Spiel noch lang,
Hoff, dass ich sie werd wiedersehen
Beim nächsten morgendlichen Gehen.

Der eigne Sinn

Ein eigner Sinn ist mir zu eigen,
Man nennt das Eigensinn;
Gibt mir die Möglichkeit zu zeigen,
Was für ein Mensch ich bin.

Die Richtschnur ist mir mein Gewissen
Als oberste Instanz;
Ich folg Gesetzen nicht beflissen
Und hinterfrag sie ganz.

Sie können Menschenrecht verletzen
Und dienen einer Zunft,
Die sich damit kann widersetzen
Der Wahrheit und Vernunft.

Die Vorschriften

Müßt Ihr denn, was vorgeschrieben,
Immer gleich von Herzen lieben?
Statt in Eurem Kopf, dem trägen,
Es noch einmal abzuwägen.

Warum wollt Ihr Euch versagen,
Selbst Verantwortung zu tragen,
Vorschriften und auch Gesetze
Sind doch keine Ruheplätze,

Wie ein Freibrief, um das Denken
Abzunehmen, einzuschränken;
Bitter könnte sich das rächen,
Vergeßt niemals die Verbrechen,

Die als Unrecht auf Verlangen,
Festgeschrieben und begangen;
Und so muß zu allen Zeiten
Das Gewissen Euch stets leiten.

Ihm allein seid Ihr verpflichtet,
Wird nach höchstem Maß gerichtet,
Kann es keinem etwas nützen,
Sich auf Vorschriften zu stützen.

Der rechte Weg

Was hat dieser Mann zerschlagen,
Mehrheitlich vom Volk getragen,
Das im Geiste leider schlief
Und wie blind »Heil Führer« rief.

Führer mit den Scharlatanen
Ließ er eine Blutspur bahnen,
Wie die Welt sie nie gesehn,
Grauenhaft, nicht zu verstehn.

Beispielsweise sind zu nennen
Namen, die wir alle kennen,
Göbbels, Himmler fallen ein,
Göring und manch andres Schwein.

Doch da war'n im deutschen Lande
Männer, Fraun im Widerstande,
Sie verliehn dem Deutschsein Sinn,
Gaben drum ihr Leben hin.

Fülln die Augen sich mit Tränen
Im Gedenken, sie erwähnen,
Können wir umfassend nicht,
Einer, der für alle spricht,

Graf von Stauffenberg, Märtyrer
Für die Freiheit, Tod dem Führer,
Der, was einem Volk gehört,
Bis zum letzten hat zerstört.

Dank sei denen, die sich wehrten,
Wenigen, die aufbegehrten,
Wird das Herz mir übervoll,
Denk ich der Geschwister Scholl.

Wir sind heute ihre Erben,
Laßt uns nicht lebendig sterben,
Und erhalten ihren Geist,
Der den rechten Weg uns weist.

Aus dem Dunkel zum Licht

Volksgerichtshof hier im Lande,
Er gereichte uns zur Schande
Mit den Richtern, die vollstrecken
Der Tyrannenherrschaft Schrecken.

Straften gängig nach der Mode
Unliebsame mit dem Tode;
Sie, in ihren dunklen Roben
Mochten schreien, wüten, toben,

Doch es gab die Unverzagten,
Von der Mordbrut angeklagten,
Die auch jetzt noch aufrechtstanden,
Mutig diese Worte fanden: *

Unsrem deutschen Land zu Ehren
Gilt es Unrecht abzuwehren,
Zu bekämpfen, aufzudecken,
Was die Welt erfüllt mit Schrecken.

Wie Sie immer mögen richten,
Die uns auferlegten Pflichten
Sind uns heilig, und wir geben
Für die Freiheit unser Leben.

Wir stehn fest in unsrem Glauben,
Keine Macht kann ihn uns rauben,
Deutschland darf nicht untergehen,
Möge wieder Licht bald sehen.

* *Sh. »Freiheit unser höchstes Gut« Ein Lesebuch für die*
   Abschlussklassen der Hamburger Schulen, Seite 105 f.
   Kurt Huber, Seite 107 f. Julius Leber

Der Rechtsstaat ist kein Endzustand [*]

Der Rechtsstaat ist in keinem Land
Einmal erreicht im Endzustand,
Der fortan sich von selber trägt,
Wenn sich der Bürger schlafen legt.

Es ist gerade umgekehrt,
Wenn er nicht Wachsamkeit erfährt,
Verteidigt wird von jedermann,
Fängt langsam seine Wandlung an.

Der Einzelne steht in der Pflicht,
Damit der Rechtsstaat nicht zerbricht,
Dazu gehört, daß man sich wehrt,
Wenn Recht ins Unrecht wird verkehrt.

Es braucht Kritik, wer sich stets bückt,
Wird nur zu bald selbst unterdrückt,
Den Staat betreffend gebt gut acht,
Daß er den Bürger nicht verlacht,

Dabei auf Machtausdehnung zielt,
Mit Mächtigen zusammenspielt,
So daß der Bürger ängstlich schweigt,
Nur ja sagt und kein Rückgrat zeigt.

Es ist nicht alles gut was neu,
Drum Bürger, bleib Dir selber treu,
Verantwortung trägst Du allein,
Richtschnur muß das Gewissen sein.

* Marion Gräfin Dönhoff, »Was mir wichtig war« S. 161

Gedenktafeln

Sie sollten die Gedanken lenken
Zum anteilnehmenden Gedenken;
Im menschenwürdigen Bestreben
Der Wahrheit selbst die Ehre geben.

Nur dadurch könnten sie beweisen,
Daß sie im Geist nicht fahrn auf Gleisen,
All derer, die das Feuer schürten
Und unser Land zum Abgrund führten.

Doch fürs Gedenken hat man Tafeln
Vor den Gebäuden; drinnen schwafeln
Sie fern der Wahrheit, ungebrochen,
Im Machtrausch, um zu unterjochen.

Brüchiges Recht

Ein Anwalt des Rechtes,
Man denkt an nichts Schlechtes
Und wundert sich dann,
Was er sich ersann.

Er wird Recht verbiegen
Und damit obsiegen;
So sieht jedermann,
Darauf kommt es an.

Wenn solche Gestalten
Im Rechtsstaat obwalten,
Beklag man sich nicht,
Wenn dieser zerbricht.

Herr Rechtskondom

Das Recht hier treibt schon arge Blüten,
Wenn Rechtsverdreher es verhüten,
Und solche traf ich in Gestalt
Als Richter, Staats- und Rechtsanwalt.

Die Namen will ich gar nicht nennen,
So mancher wird sie selber kennen,
Was ich als Anrede nun fand,
Geb ich dagegen gern bekannt.

Herr Rechtsanwalt und Euer Ehren,
Dies gilt es ihnen zu verwehren,
Man sagt fortan Herr Rechtskondom
Zu einem Rechtsverhütungsgnom.

Der Paragraphenhaufen

Man könnte sich die Haare raufen,
Sie baun am Paragraphenhaufen,
Der, wie ein großer Haufen Mist,
Kaum noch zu überblicken ist.

Auf diesem Haufen wird gerichtet,
Die Wahrheit selten nur gesichtet,
Wenn Rechtsverdrehungsakrobaten
Hier gründlich ihre Arbeit taten.

Den Haufen übersichtlich machen,
Da müssen Rechtsverdreher lachen,
Denn darin finden sie gewiß
Auch einen Schlüssel zum Beschiß.

Staat mit Format

Leider, es ist nicht zum Lachen,
Doch es ist kein Staat zu machen
Mit dem Staat, wie er sich zeigt,
Falsch wär's, wenn man das verschweigt.

Schaut nur in den Parlamenten
Das Gezerre um die Renten,
Weil der Staat als Kassenwart
Als es gut ging nicht gespart.

Das Geschacher um die Posten,
Keine Rolle spiel'n die Kosten,
War man jemals auf Diät,
Wenn es um Diäten geht?

Der Gerichtsbarkeit Versagen
Mehrt des Volkes Unbehagen;
Auf Gerichte sollt man schaun
Mit Respekt und voll Vertraun;

Was ich konnte hier berichten,
Ist ein Auszug der Geschichten,
Die das Volk nicht fassen kann,
Kommt es darauf gar nicht an?

Die ausführenden Gewalten
Solln die Ordnung uns erhalten;
Wenn man Hab und Gut verliert,
Wird das nur noch registriert.

Und die größeren Verbrechen,
Davon mag man nicht mehr sprechen,
So wünscht man sich einen Staat
Mit erheblich mehr Format.

Das Palaverment

Ich mag es nun schon nicht mehr hören,
Wie unsre Volksvertreter röhren,
Im Parlament, dem hohen Haus,
Da lassen sie die Sau gern raus.

Wie Hirsche, die um Plätze kämpfen,
Die Stimme wollen sie nicht dämpfen,
Um nach der Wahl, bringt sie was ein,
Im Parlament, Platzhirsch zu sein.

Doch meistens hört man sie dann schwätzen,
Sie ruhen aus auf ihren Plätzen;
Wer lang genug den Zustand kennt,
Sieht nur noch ein Palaverment.

Ruhm und Ehre

Klug bemerkt: Gewöhnlich wäre
Ruhm zugleich das Grab der Ehre,
Doch die Ehre selten nur
Weg zum Ruhm, wie er fortfuhr;

Einer unsrer großen Dichter,
Er entzündete die Lichter,
Die erhelln das wahre Sein,
Zeigen uns den falschen Schein.

Wer den Weg nach oben findet
Und den Ruhm mit Macht verbindet,
Ist es dann, der Ehre gibt
Wie's ihm nützt, wie's ihm beliebt.

Fehlt nur noch, daß der Famose
Glänzt in einer Symbiose
Zwischen Geld und heilgem Geist,
Und im Land die Richtung weist.

Macht die Obrigkeit zu Dienern,
Die ihm seine Schuhe wienern,
Schafft als schlimmstes Privileg
Die Vernunft sich aus dem Weg.

Damit Verantwortlichkeiten,
Die ihm Ungemach bereiten,
Letztlich steht die Freiheit hier
Wieder nur auf dem Papier.

Es gibt keinen sichren Hafen

Daß die dunkle Zeit vorüber,
Kehrt in dieser Form nie wieder,
Ist als sicher anzusehn,
Schon weil heute nicht bestehn,

Damalige Machtstrukturen;
Rückstellbar sind nicht die Uhren,
Brächt auch niemandem Gewinn,
Gäb von daher keinen Sinn.

Ob heut bessre Menschen leben,
Könnt vielleicht die Antwort geben,
Wenn man sie aus ihrem Jetzt
In vergangne Zeit versetzt.

Glaube ich, in ihrem Wesen
Sind die Menschen nicht genesen,
Werden immer gleich sich sein,
Manche gut, andre gemein.

Zeigte uns ein Fahndungsraster,
In die Zeit von damals paßt er,
Und der gute Biedermann,
Wäre plötzlich ein Tyrann.

Fänd man viele Schreibtischtäter,
Die ganz üblen Volksverräter;
Es geht mir ums Arsenal,
Wer ins Bild gehört mental.

Würde sich ganz sicher zeigen,
Viele tanzten mit im Reigen
Fürchterlicher Grausamkeit,
In Entsprechung jener Zeit.

Deshalb sollten wir nicht schlafen,
Es gibt keinen sichren Hafen,
Dürfen unrechtes Geschehn,
Heut nicht einfach übersehn.

Perestroika

Perestroika, aus dem Osten kam ein neues Wort,
Läßt die Menschen wieder hoffen, treibt die Wolken fort;
Umgestaltung der Gedanken, nicht mehr Weltherrschaft,
Dafür miteinander bauen, mit vereinter Kraft.

Perestroika, wär ein Wunder, wenn sie denn gelingt,
Schritt für Schritt, mit Ernst betrieben, eine Wende bringt;
Umgestaltung der Gefühle, weil man sich vertraut
Und dadurch nicht mehr so furchtsam in die Zukunft schaut.

Perestroika für den Frieden ist ein Menschheitstraum,
Hilft sie Völker zu vereinen auf dem Erdenraum;
Perestroika in den Herzen, setzt Euch dafür ein,
Wär sie doch der Weg der Menschen hin zum bessren Sein.

Paneuropa

Laßt uns für Europa leben,
Stark und einig soll es sein;
Seinen Völkern Freiheit geben,
Dafür setzen wir uns ein.

Alle Grenzen, die entzweien,
Sind zum Abbau uns bestimmt;
Ein Europa soll gedeihen,
Das als Ziel die Einheit nimmt.

Dort kann sich der Mensch entfalten,
Wachsen zur Persönlichkeit,
Nicht im Kollektiv gehalten,
Seiner Fesseln ganz befreit.

Ein Europa soll entstehen,
Dem Gemeinwohl zum Gewinn;
Diesen Weg der Zukunft gehen,
Ist erstrebenswerter Sinn.

Widerstand als Recht der Treue*

Es verletzt des Menschen Würde,
Wenn ihn fremde Willkür quält,
Mit erdrückend schwerer Bürde
Ihn zu ihrem Opfer wählt.

Muß er mutig sich erwehren,
Treu sich selbst in seiner Not,
Der Gerechtigkeit zu Ehren,
Und dem Guten als Gebot.

Widerstand, der so geboren,
Ist der Ordnung Grundbestand,
Gibt die Freiheit nicht verloren,
Als des Rechtes Unterpfand.

Wird das Recht zum Widerstehen
Recht der Treue, uns zur Pflicht,
Läßt das Recht nicht untergehen,
Führt es wieder an das Licht.

Dies gilt wo des Rechtes Formen
Der Gemeinschaft noch bestehn,
Doch erst recht, wo seine Normen
Durch Gewalt zugrunde gehn.

---

*   *Prof. Dr. Ernst von Hippel, „Schicksalsfragen der Gegenwart" Zweiter Band, Seite 208 ff*

Die weiße Rose

Stolz im Deutschsein, dies Erleben
Kann »Die weiße Rose« geben;
Deshalb sollten wir sie hegen
Und der Jugend ans Herz legen.

Dabei ist sie unterdessen,
Wie es scheint, fast ganz vergessen;
Sie, die in den schwersten Zeiten
Freiheitsrechte wollt erstreiten,

Hier in unsren deutschen Landen;
Junge Menschen, die dann standen
Vor den schaurig selbstgerechten
Richterlichen Henkersknechten,

Um gefaßt und ohne Bangen
Deren Urteil zu empfangen;
Diese Richter, das war Mode,
Straften grinsend mit dem Tode.

Gleichwohl im gepflegten Rahmen,
Nämlich in des Volkes Namen;
Was dahinter sie verstecken,
Kann auch heute noch erschrecken.

Nicht den Geist der weißen Rose,
Oftmals den der toten Hose,
Mit den abgestandnen Düften,
Die es dringend gilt zu lüften.

Ziel des Lebens

Sich im Dasein zu erheben,
Es als Wagnis zu erleben [1]
Voller Schönheit, groß und rein,
Sollte Ziel des Lebens sein.

Eine Stätte könnt es werden,
Wo im Leben hier auf Erden,
Wahrheit und Vernunft gedeiht, [2]
Liebe wird zur Wirklichkeit.

Dem entgegen wirkt die Lehre,
Daß es wahrlich besser wäre,
In dem Dasein nicht zu stehn,
Gar nicht erst die Welt zu sehn. [3]

Bei dem, was ich selbst erfahren,
Läßt sich mit Kritik nicht sparen;
Dort vertrat die Unvernunft
Ausgerechnet jene Zunft,

Die dem wahrheitlichen Streben
Müßte alle Ehre geben,
Weil, was man so leicht vergißt,
Würde nur mit Wahrheit ist.

Für die Masse gilt die Liebe
Als ein Spielball ihrer Triebe;
Da verwundert es dann nicht,
Daß das Menschliche zerbricht.

Wenn auch nur in kleinsten Kreisen
Menschen Liebe sich erweisen,
Wahrheit und Vernunft bestehn,
Sollt man jedoch Hoffnung sehn. [4]

1) 2) 4) Sh. Karl Jaspers »Mitverantwortlich« Seite 200 f.
3) Sh. Schopenhauer »Aphorismen zur Lebensweis-
heit« Seite 152

An die Jugend*

Einer höhren Welt verpflichtet
Ist der Mensch; von der Natur
Hin zum Geist'gen ausgerichtet
Wie sonst keine Kreatur,

Wurde ihm das mitgegeben,
Was man ein Gewissen nennt,
Kann moralisch sich erheben,
Weil er gut und böse kennt.

Sollt nach allem, was geschehen,
Unabdingbar Richtschnur sein,
Für das Gute einzustehen,
Gegen den verlognen Schein.

Daß sich würd das Klima wandeln,
Dahingehend scheint noch fern,
Jeder Einzelne muß handeln,
Laß ihn leuchten Deinen Stern!

---

*   Thomas Mann in »Freiheit unser höchstes Gut«
Ein Lesebuch für die Abschlussklassen der Hamburger
Schulen, Seite 23-25

Nutze Deine Möglichkeit

Es gibt die Gerichtsbarkeit,
Die aus Willkür ihrer Macht,
Unabhängig von der Zeit, [1)]
Wahrheitsstreben nur verlacht.

Auf den Staat verlaß Dich nicht,
Magst ihm treu gewesen sein,
Fällt dann gar nicht ins Gewicht, [2)]
Kommt's drauf an, bist Du allein.

Nur wenn Menschen bei Dir stehn,
Die ein wahres Sein bewegt, [3)]
Kannst Du einen Lichtblick sehn,
Der mit Dir Dein Handeln trägt.

Gleichwohl, die Verlorenheit,
Die dem Mensch wird offenbar,
Hält die Forderung bereit, [4)]
Sich zu stellen fest und klar,

Seiner eignen Möglichkeit,
Darauf kommt es letztlich an,
Auf sich nehmen auch das Leid,
Damit Freiheit atmen kann. [5)]

---

1)-5) Karl Jaspers, »Mitverantwortlich« Der Mensch, S. 401

Der Lebenskampf

Das ganze Leben ist ein Kampf,
Hat Schopenhauer schon beklagt,
Mitunter auch ein rechter Krampf,
Es unterliegt da, wer nichts wagt.

Halt Deinen Degen kampfbereit,
Riet deshalb Francois Voltaire,
Sei wachsam und denk jederzeit
An eine starke Gegenwehr.

Dem Übel weiche niemals aus,
Die Tapferkeit, sie sei Dein Ziel,
So fechte mutig aus den Strauß,
Verkündete bereits Vergil.

Drum kämpf ich gegen Lug und Trug
Und leiste meinen Widerstand
Bis hin zum letzten Atemzug
Trotz ich dem Unrecht hier im Land.

Wenn meine Welt zusammenbricht,
Bleib ich doch, wie Horaz es sagt,
Verschonen mich die Trümmer nicht,
In meinem Herzen unverzagt.

Mein Kampf

Er hat seinen Kampf verloren,
Der Gewaltherrschaft verschworen,
Der Tyrann im deutschen Land,
Adolf Hitler, weltbekannt.

Ließ Millionen Menschen morden
Von den treu ergebnen Horden,
Bleibt für jeden eine Schand,
Der ihm nah steht oder stand.

Meinen Kampf, den führ ich leise,
Ganz allein, auf meine Weise,
Fern von jeglicher Gewalt,
Läßt die Menschen aber kalt.

Doch ich werd ihn nicht verlieren,
Mag die Staatsmacht auch marschieren
Gegen mich; für meine Ehr
Fällt kein Opfer mir zu schwer.

Freiheit

Freiheit kann nur existieren,
Wird von Menschen sie getragen,
Die sich nicht in Angst verlieren,
Vor der Übermacht verzagen.

Sich nicht Nützlichkeiten fügen,
Suchen Wege, die bequemen,
Augen schließen vor den Lügen
Und in Kauf die Knechtschaft nehmen.

Soll im ganzen sie gedeihen,
Müssen wir für Freiheit streiten,
Uns aus Lethargie befreien
Und das Rechtsbewußtsein weiten.

Wachsam in die Zukunft schauen,
Mit dem Blick auf jene Drohnen,
Die verdienen kein Vertrauen
Und in unsrem Staate wohnen.

Selbst Persönlichkeit entfalten,
Such Dein Mögliches zu geben,
Um im Kleinen zu gestalten,
So erwacht der Staat zum Leben.

Der Freiheit Licht

Freiheit atmen, Freiheit spüren,
Öffnen sich der Freiheit Türen,
Im Bewußtsein ein Erheben,
Führt der Weg zum wahren Leben.

Lassen wir im Zaum uns halten
Der umgebenden Gewalten,
Um vor ihnen uns zu bücken,
Schleichend mit gekrümmtem Rücken,

Durch den Lauf der Lebenszeiten
In dem Schleim der Niedrigkeiten,
Müssen wir wie Würmer kriechen,
Duft der Freiheit niemals riechen,

Lebend wie die Toten wandeln,
In dem aufgedrängten Handeln,
Und in Dunkelheit vergehen
Ohne je das Licht zu sehen.

Für die Freiheit

Freiheit läßt sich nur bewahren,
Wenn das Volk dahinter steht,
Im Bewußtsein der Gefahren,
Wachsam in die Zukunft geht.

Heißt moralisch auszurichten
Schon die Jugend mit dem Mut,
Sich der Freiheit zu verpflichten
Als der Menschheit höchstes Gut.

Um den Einzelnen zu achten,
Würde, den aufrechten Gang,
Unterdrücker zu entmachten,
Gilt der Kampf ein Leben lang.

Unsren Eigenwert bezeugen,
Mit dem Blick zum Guten hin,
Sich dem Unrecht nicht zu beugen,
Gibt dem Leben seinen Sinn.

Die Freiheit der Wahrheit*

Daß der Mensch sich allgemein
Einer Wandlung unterzieht,
Es dürft wohl ein Wunschtraum sein,
Daß dies irgendwann geschieht.

Doch wir brauchen ihn, den Traum,
Was vereinzelt Wirklichkeit,
Könnt gewinnen noch an Raum,
Wenn wir nutzen unsre Zeit,

Um zu wirken in dem Kreis
Der auf wahrem Grunde steht,
Wo man allzu gut nur weiß,
Wie leicht Freiheit untergeht.

Für der Wahrheit Grundbestand
Kommt es aufs Bewußtsein an
Eines Volkes, ob im Land
Er sich frei entfalten kann.

Erreicht man die Menschen nicht,
Folgt Beherrschung und Zensur,
Es verlöscht der Freiheit Licht;
Laßt zurückdrehn nicht die Uhr!

---

* *Sh. Karl Jaspers »Mitverantwortlich« Seite 201*

Rückbesinnung

Wenn wir uns zurückbesinnen,
Schrumpft unsre Vergangenheit,
In dem Bild, das wir gewinnen,
Zum Moment gefühlter Zeit.

Somit haben wir zu leben
Nur zwei Tage, wohl nicht mehr,
Darin ist ihm recht zu geben,
Nämlich Francois Voltaire.*

Kriechend durch die Zeit sich schleppen,
Wäre nicht der Mühe wert,
Vor gemeinen Schurken, Deppen,
Wie er weiterhin erklärt.

Wenn wir aber aufrecht schreiten
Durch des Lebens kurzen Lauf,
Läßt ein Sinn sich draus herleiten,
Hellt sich unser Dasein auf.

---

* F. Voltaire: „Nous n'avons que deux jours à vivre:
   Ce n'est pas la peine de les passer à ramper sous
   des coquins méprisables."

Es gibt sie nicht

Die Deutschen, nein es gibt sie nicht,
Im Guten nicht und nicht im Bösen,
Und wer da strebt nach wahrer Sicht,
Sollt sich von diesem Worte lösen!

Die Juden, auch sie gibt es nicht,
Auch nicht die Russen, die Chinesen;
Wenn jedes Vorurteil zerbricht,
Die Welt, sie könnte dann genesen.

Es zeigt sich schon im kleinsten Kreis,
Daß sich die Menschen selten gleichen;
Deshalb frag ich, für welchen Preis
Läßt sich das Gleichgefühl erreichen?

Der Preis ist Haß, er wird geweckt,
Wenn man gemeinhin Menschen richtet,
Und ebenso, nur mehr verdeckt,
Wenn man sie in den Himmel dichtet.

Ein Volk ist weder gut noch schlecht,
Das sollt als Richtschnur man verstehen,
Denn sonst währt niemals lange Recht,
Der Friede muß verlorengehen.

Wie sieht es bei Dir zu Hause aus?

Du möchtest Frieden und sagst
Überall sollte Frieden für immer sein,
Erhitzt Dich für so ein großes Ziel,
Doch erregst Du Dich nicht nur zum Schein?

Wie sieht es bei Dir zu Hause aus,
Mit den Menschen im täglichen Leben?
Wie oft ging es dort nicht friedlich zu,
Hat es Streit, böse Worte gegeben!

Sei Vorbild, zeig wie es richtig ist,
Bestelle zuerst Dein Feld,
Im eigenen Tun, durch Geben bestimmt,
Liegt der Schlüssel zur besseren Welt.

Du möchtest verändern und sagst
Überall soll das Leben gerechter sein,
Erhitzt Dich für so ein großes Ziel,
Doch erregst Du Dich nicht nur zum Schein?

Wie sieht es in Deinem Umkreis aus,
Mit den Menschen im täglichen Leben?
Vielen davon geht es nicht gut wie Dir,
Hast Bedürftigen nichts gegeben!

Sei Vorbild, zeig wie es richtig ist,
Bestelle zuerst Dein Feld,
Im eigenen Tun, durch Geben bestimmt,
Liegt der Schlüssel zur besseren Welt

Du möchtest Liebe und sagst
Überall sollte Liebe zu finden sein,
Erhitzt Dich für so ein großes Ziel,
Doch erregst Du Dich nicht nur zum Schein?

Wie sieht es bei Dir zu Hause aus,
Mit den Menschen im täglichen Leben?
Allzu häufig gingst Du an ihnen vorbei,
Hast vergessen, Liebe zu geben!

Sei Vorbild, zeig wie es richtig ist,
Bestelle zuerst Dein Feld,
Im eigenen Tun, durch Geben bestimmt,
Liegt der Schlüssel zur besseren Welt.

Wenn er nur unsre Sorgen hätt´

Ihr kennt ihn auch den jungen Mann
Der keine Arbeit hat,
So ist er oftmals deprimiert,
Dann hat er alles satt.

Der Alte, der gebrechlich ist,
Allein, sieht kaum noch Sinn,
Denkt er an diesen jungen Mann,
Spricht leis er vor sich hin:

Was? Andre Sorgen hast Du nicht?
Sind Deine Sorgen klein,
Wenn ich nur Deine Sorgen hätt',
Würd ich schon glücklich sein.

Ein Mensch, der glaubt sich schlecht bezahlt,
Ein anderer verkannt;
Ein Dritter fühlt sich auch frustriert,
Weil er sein Glück nicht fand.

Die Frau, die's Augenlicht verlor,
Ist dennoch unverzagt,
Wenn sie an die Probleme denkt,
Hört niemand wie sie sagt:

Was? Andre Sorgen habt Ihr nicht?
Sind Eure Sorgen klein,
Wenn ich nur Eure Sorgen hätt',
Würd ich schon glücklich sein.

Wir alle haben dies und das
Und meinen, uns geht's schlecht,
Wenn wir schnell unzufrieden sind,
Ist das denn wirklich recht?

Der Mitmensch, der im Rollstuhl sitzt,
Ihn traf das Schicksal schwer,
Wenn er von unsren Klagen hört,
Denkt ohne Vorwurf er:

Was? Andre Sorgen habt Ihr nicht?
Sind Eure Sorgen klein,
Wenn ich nur Eure Sorgen hätt',
Würd ich schon glücklich sein.

Die junge Frau von nebenan

Die junge Frau von nebenan,
Oft hab ich sie gesehn;
Man spricht jetzt roh von Selbstmord,
Ich kann das nicht verstehn.

Die junge Frau von nebenan,
Ernst war schon ihr Gesicht;
Daß sie so sehr verzweifelt war,
Das ahnte man doch nicht.

Freitod ist niemals Mord,
Drum bitt ich Euch, streicht dieses Wort!
Freitod ist niemals Mord,
Drum bitt ich Euch, streicht dieses Wort!

Die junge Frau von nebenan,
Wie konnte das geschehn,
Hab ich mit offnen Augen
An ihr vorbeigesehn?

Die junge Frau von nebenan,
Ich bitt sie um Verzeihn,
Denn eher könnten wir vor ihr
Schuldig geworden sein.

Freitod ist niemals Mord,
Drum bitt ich Euch, streicht dieses Wort!
Freitod ist niemals Mord,
Drum bitt ich Euch, streicht dieses Wort!

Die junge Frau von nebenan,
Sie starb einsam, allein;
Nie war sie eine Mörderin,
Wer's doch sagt, ist so klein.

Die junge Frau von nebenan,
Ich trauere um sie.
Ihr früher Tod berührt mich tief,
Und ich vergeß sie nie.

Freitod ist niemals Mord,
Drum bitt ich Euch, streicht dieses Wort!
Freitod ist niemals Mord,
Drum bitt ich Euch, streicht dieses Wort!

Strafgesetzbuch § 211. Mörder ist, wer aus Mordlust, zur Befriedigung des Geschlechtstriebs, aus Habgier oder sonst aus niedrigen Beweggründen, heimtückisch oder grausam ... einen Menschen tötet.

Symbol fürs Leben

Schaut die traurigen Gestalten
Wie sie sich am Wagen halten,
Mühsam Schritt für Schritt ihn schieben,
Was ist ihnen noch geblieben?

Unverzagt und ohne Klagen
Tief gebeugt ihr Kreuz zu tragen;
Dies Kreuz als gelebtes Zeichen
Sollt den Mitmenschen erreichen,

Um die Augen ihm beizeiten
Für das eigne Los zu weiten,
Sich den Alten hinzuwenden,
Jedes Leben kann so enden.

Sollten wir uns nicht versagen,
Für den andern mitzutragen;
Wenn wir dies zum Sinn erheben,
Wird das Kreuz Symbol fürs Leben.

Reichsein ein Traum

Reichsein klingt wie Märchenland,
Wie ein schöner Traum;
Wer sich vom Schein nicht blenden läßt,
Weiß, so ist Reichsein kaum.

Der eine hat von allem viel,
Fühlt dennoch niemals sich am Ziel;
Besitzt ein Teil er, braucht er mehr,
Läuft gleich dem nächsten hinterher.

Der andre hat ein schönes Stück,
Dadurch empfindet er schon Glück;
Wer ist da wohl der reiche Mann?
Bestimmt der, der mit wenig froh sein kann.

Der eine lebt im Überfluß,
Wird niemals satt, will mehr Genuß,
Umgibt ihn Schönheit, sieht er's nicht
Und gar nichts sagt ihm ein Gedicht.

Den andren freut ein gutes Wort,
Ein Schmetterling, ein hübscher Ort;
Wer ist da wohl der reiche Mann?
Bestimmt der, der mit wenig froh sein kann.

Der eine schwimmt in seinem Geld,
Er kauft sich alles, was gefällt;
Auch Menschen drängen zu ihm hin,
Sie haben nur sein Geld im Sinn.

Der andre, der liebt seine Frau,
Er wird geliebt, weiß das genau;
Wer ist da wohl der reiche Mann?
Der, den man liebt, der Liebe geben kann.

Reichsein klingt wie Märchenland,
Wie ein schöner Traum;
Wer sich vom Schein nicht blenden läßt,
Weiß, so ist Reichsein kaum.

Der Regenwurm

Gewaltig brauste auf der Sturm,
Da schrie vor Angst der Regenwurm:
Mein Gott, was mach ich denn bloß jetzt,
Gleich kommt der Sturm der mich zerfetzt.

Da sprach der Herr: Du armer Tropf,
Bewahre einen kühlen Kopf,
Denk nach, und sieh, der Wurm verstand,
So daß er eine Lösung fand.

Er hat nur ganz kurz nachgedacht,
Sich dann sofort ans Werk gemacht:
Grub sich geschwind ein tiefes Loch,
In dem er sich ganz schnell verkroch.

Was lernen wir aus der Geschicht?
Nutz Deinen Kopf, verzage nicht,
Der ist viel größer als beim Wurm,
Dann widerstehst auch Du dem Sturm.

Die Welt als Wille und Vorstellung*

Das kleine Stück Hirn,
Gleich hinter der Stirn,
Ist Schlüssel zum Ich
Durch das Ding an sich,

Wie der Wille heißt;
Vom Hirne gespeist,
Wird von ihm erstellt
Die Vorstellungswelt.

Wenn das Hirn zerfällt,
Stirbt damit die Welt;
Drum schütze das Hirn
Vorm Schlag an die Stirn.

---

*   Sh.: Arthur Schopenhauer

Boxen

Boxen, ins Gesicht sich schlagen,
So was nennt man Sport;
Derart menschliches Versagen
Verdient nicht dies Wort.

Und die das Spektakel schauen,
Jubeln obendrein,
Wird der Gegner umgehauen,
Was kann schöner sein.

Mag er den Verstand verlieren,
Dadurch mit der Zeit,
Oder aber gar krepieren,
Tut das herzlich leid.

Trotzdem möchte man mitnichten,
Nimmt den Tod in Kauf,
Deshalb auf den Spaß verzichten,
Da hört alles auf.

Verführung

In der Schulzeit war's modern,
Viele Schüler rauchten gern,
Fühlten sich, ganz ohne flachsen,
So mit vierzehn schon erwachsen.

Sogen für ihr Taschengeld
Ein den Duft der weiten Welt,
Eine Freiheit ohnegleichen
Könnten sie dadurch erreichen,

Hieß es in dem Werbespot,
Und so mancher, oh mein Gott,
Der jetzt unter Toten wandelt,
Hatte Krebs sich eingehandelt.

Doch das ist ein alter Zopf,
Heute ziert der Totenkopf
Die Verpackung, um das Denken
Hin auf die Gefahr zu lenken.

Noch preist man das große Glück,
Das der Einsatz gibt zurück,
Sollt man nicht auch bei den Spielen
Besser auf Vernunft abzielen?

Warnen, Chancen wärn nicht groß,
Sondern eher aussichtslos,
Man könnt dafür mit den Jahren
Selbst sich ein Vermögen sparen.

Lieber öffnet man die Türn,
Um zum Glücksspiel zu verführn;
Hat schon manchen, wie wir wissen,
In den Abgrund mitgerissen.

Doch ich denke, irgendwann
Kommt auch diese Botschaft an:
Dem, der sich im Spiel verloren,
Zieht man's Fell über die Ohren.

Ein Beispiel der Verlogenheit

Fürs Rauchen darf man heut noch werben,
Daß Menschen durch das Rauchen sterben,
Darauf weist man zwar deutlich hin,
Doch ist es nicht der Werbung Sinn

Jemand vom Rauchen abzuhalten;
Der Bürger soll sich frei entfalten,
Dazu gehört auch der Entscheid
Für Lungenkrebs, für Qual und Leid.

Mag sich der Mensch dann später quälen,
So will man keinesfalls verhehlen,
Auf was er sonst verzichten muß;
Kommt er nicht in den Rauchgenuß,

Versagt er sich die schönsten Freuden,
Würd Tage gradezu vergeuden,
Das Risiko vom Raucherbein
Wiegt das nicht auf, ist eher klein.

Die wirtschaftlichen Interessen
Lassen Moral ganz schnell vergessen,
Ein Beispiel der Verlogenheit
In dieser viel gepriesnen Zeit.

Halte was Du hast

Deine Krone sollst Du halten,
Die Du Dir erworben hast,
Gegen mächtige Gewalten,
Denen freies Sein nicht paßt.

Mit der Möglichkeit zu scheitern,
Unsere Gegebenheit,
Sich im Selbstsein zu erweitern,
Gegen alle Widrigkeit. 1)

Um die Hoffnung zu bewahren,
Daß die Mahnung wird gehört,
Im Bewußtsein der Gefahren,
Sich die Menschheit nicht zerstört.

Gilt das Äußerste zu wagen,
Durch Dein Handeln in der Welt,
Nicht im Scheitern zu verzagen, 2)
Solang man die Krone hält.

---

1) 2) Karl Jaspers, in »Mitverantwortlich« zu Kants:

»Zum Ewigen Frieden«, S. 277

Der Unfug

Der Unfug des Sterbens, der Unfug des Lebens*
Als Grundstein meines denkenden Strebens?
Gewiß hätt' ich dann zu viel nachgedacht,
Gedanken mir über Unfug gemacht.

Doch wenn man das Gros der Menschen betrachtet,
Erscheint es beschränkt, im Geiste umnachtet;
Man sucht dort nach der Essenz des Lebens,
Trotz größter Mühe, ganz sicher vergebens.

Kann auch zu Recht, von daher gesehen,
Das Leben der Menschen als Unfug verstehen,
Und dieser Unfug, der wird sich vererben,
Schon aufgrunddessen natürlich nicht sterben.

Kein Sterben, wie schön, dafür auch kein Leben,
Ich lag mit dem Denken völlig daneben;
Zumindest darf ich getrost weiterschreiben,
Denn wie es auch sei, der Unfug wird bleiben.

---

*   Prentice Mulford,
      „Unfug des Lebens und des Sterbens"

Frieden heißt nicht keine Waffen

Frieden heißt nicht keine Waffen,
Menschen müssen friedlich sein;
Will ein Mensch den andern töten,
Reicht dafür doch schon ein Stein.

Um die Friedlichen zu schützen,
Haben Waffen einen Sinn,
Wer nicht friedlich ist, muß wissen,
Krieg bringt niemandem Gewinn.

Friedensfreunde nenn ich alle,
Die sich stelln gegen Gewalt;
Wer sich ängstlich selbst entwaffnet,
Ist von kläglicher Gestalt.

Nur die eigne Haut zu retten,
Egoistisch so ein Ziel;
Nein, wir wollen keine Toten,
Schon ein einz'ger wär zu viel!

So wie unsre Welt beschaffen,
Kommt das Kriegführn erst zum Schluß,
Wenn der Friedensfeind genau weiß,
Ihn trifft selbst der eigne Schuß.

Frieden heißt nicht keine Waffen,
Menschen müssen friedlich sein
Und dafür, daß sie es werden,
Setzt der Friedensfreund sich ein.

Soldat der Bundeswehr

Er war Soldat der Bundeswehr,
Hat seinen Dienst getan;
Es hieß, dem Vaterland zur Ehr,
Fern in Afghanistan.

Erlebte dort das Kriegsgeschehn
In seiner ganzen Wucht,
Hat Menschen qualvoll sterben sehn,
Getötet auf der Flucht.

Das hat ihn seelisch krank gemacht,
Als ein gebrochner Mann,
Kam er, um seinen Mut gebracht,
In Deutschland wieder an.

Hier wurd ihm Hilfe kaum zuteil,
Die Staatsbürokratie
Kennt keine Not und keine Eil,
Lehnt ab, verweigert sie.

Wenn die Familie auch zerbricht,
Dann schaut man gerne weg,
Soldaten stehen in der Pflicht,
Nur darin liegt ihr Zweck.

Als Kranker ist er nichts mehr wert,
Er kostet ja nur Geld,
Als Toter würde er geehrt,
Der nicht zur Last mehr fällt.

Kämpfen für Diäten

Schwadronieren wollen sie
Und das Volk vertreten;
In der Bundeshierarchie
Kämpfen für Diäten.

Nicht jedoch beim Militär,
Sein wir doch mal ehrlich,
Dienen bei der Bundeswehr
Ist schon sehr gefährlich.

Deshalb geht kaum einer hin,
Vielleicht jeder Dritte;
Wehrpflicht macht für andre Sinn,
Nach bewährter Sitte.

Recht und Freiheit sollen wir
Als Soldaten schützen;
Gilt bedingt nur, zeigt sich hier,
Für des Staates Stützen.

An Zeitungsschreiber

Ihr schreibt, was gewollt,
Für euch zählt der Sold;
Das aufrechte Sein
Schreibt man bei euch klein.

Im Zeitungsverbund
Stößt man sich gesund
Und huldigt dem Schein,
Denn Geld macht gemein.

Ich schreib, was ich will,
Bleib keinesfalls still,
Auch wenn man mir droht
Mit Haft und Verbot.

Das kostet mich zwar
Manch Sümmchen in bar,
Doch zählt für mich mehr
Gewissen und Ehr.

Ein Moment der Ewigkeit

Was wir haben ist die Zeit
Als Moment der Ewigkeit;
Deshalb sollt es unterbleiben,
Sich die Zeit noch zu vertreiben.

Auch vertreiben sie zu lassen
Durch Zerstreuung für die Massen,
Um im Geist sich zu erheben,
Diesen Augenblick zu leben,

Aus der uns gegebnen Kraft,
Damit sie Bewußtsein schafft,
Um im Augenblick auf Erden
Etwas aus uns selbst zu werden,

Das dem Leben Sinn verleiht
Über die Vergänglichkeit,
Daß sich öffnen uns die Türen,
Die zum wahren Leben führen.

Zeit und Ewigkeit

Was sind schon hundert Jahre Zeit
In Relation zur Ewigkeit?
Kaum messbar mehr, als wenn man jetzt
Nur einen Tag dafür einsetzt.

Ein schöner Tag, für sich allein,
Kann überaus beglückend sein;
Ihn sollten wir einander schenken,
Nicht immer nur in Jahren denken.

Dein Leid

Ich fühl Dein Leid, bin tief berührt,
Würd es gern mit Dir tragen.
Den Grund, was Dich dahin geführt,
Du musst ihn mir schon sagen.

Ich finde sicher einen Weg,
Der Dich befreit vom Leiden,
Wenn meinen Arm ich um Dich leg,
Dann hilft das gleich uns beiden.

Mein Selbst

In mir, tief eingebunden,
Hab ich mein Selbst gefunden;
Was einst mich zog nach außen hin,
Macht heute für mich keinen Sinn.

Die weltlichen Genüsse,
Fast alle hohle Nüsse;
Bei Menschen lohnt es meistens nicht,
Wenn man mit ihnen lange spricht.

So werd ich mich beschränken
Auf mich und selber denken,
Geleitet von erhabnem Geist,
Der sich als hilfreich mir erweist.

Einsamkeit

Die Einsamkeit im Ich
Trägt einen Sinn in sich;
Man muss sich nicht beschränken
In seinem Tun und Denken,

Kann sich hinein versenken,
Die Schritte selber lenken,
Wenn ganz allein der eigne Geist
Das Ziel angibt, die Richtung weist.

Die Einsamkeit, sie bringt Gewinn,
Zumindest doch in diesem Sinn;
Das sollte man bedenken,
Den Missmut von ihr lenken.

Denken und Leben

Wenn das Denken und das Leben
Sich zur Einheit hin verweben,
Sind wir einsam in der Welt,
Meist allein auf uns gestellt. [1]

Finden kaum einmal Gefallen,
Eher Gegnerschaft bei allen, [2]
Weil ein Mensch, der sehr viel denkt,
Dadurch schon die andern kränkt.

Denn sie wolln befreit vom Denken
Sich im Wohlgefühl versenken,
Wo ein Mensch der denkt nur stört,
Somit auch nicht hingehört.

Soll nach wahrem Sinn er streben,
Sie wolln heute was erleben,
In der Welt von fadem Schein
Glücklich und zufrieden sein.

---

1) u. 2) Sh. „Hermann Hesse Lektüre für Minuten" S. 147

Der Stein im Sumpf macht keine Ringe *

Willst ernstlich Du die Welt belehren,
Verlier Dich nicht in Illusionen;
Mußt Deiner Haut Dich bald erwehren,
Mit Strafe wird man es Dir lohnen.

Ich hab mein Mögliches gegeben,
Dacht, daß ich Licht ins Dunkel bringe,
Doch aussichtslos war mein Bestreben,
Der Stein im Sumpf macht keine Ringe.

So bleibt der Mensch im allgemeinen
Sich immer gleich zu allen Zeiten;
Als Lichtblicke für uns erscheinen,
Veränderte Gegebenheiten.

---

*   Goethe

Lebensweisheit

Was man für recht hält, muß man tun, [1]
Dein Feld bestellst Du nicht im Ruhn,
Du gehst auch leichter von der Welt,
Hast Du zuvor es gut bestellt.

Räum ein den Dingen nur die Macht
Wie Du es hältst für angebracht,
So führt der Weg zur Weisheit hin,
Bestimmt man selbst des Lebens Sinn,

Indem man nicht an andern hängt,
Schicksal von außen her empfängt,
Es aus dem eignen Innern führt,
Als Atemzug des Lebens spürt. [2]

---

1) u. 2) Sh. Hermann Hesse „Lektüre für Minuten" S. 99
u. 102

Deine Freunde

Geht es Dir mal richtig schlecht,
Lernst Du Deine Freunde kennen;
Was war falsch und was war echt,
Kannst die Spreu vom Weizen trennen.

Bleibt Dir Weizen, wunderbar,
Freue Dich und sei zufrieden,
Echte Freundschaft, sie ist rar,
Deshalb wenigen beschieden.

Meistens bleibt dann nur die Spreu,
Was Dich trog, wirst Du erkennen
Und die Falschen nicht aufs neu
Jemals wieder Freunde nennen.

Vertrauensbruch

Hast Du mit einem Freund gebrochen,
Und er kommt wieder angekrochen,
So hinterfrage sehr genau,
Was bringt es, wenn ich ihm vertrau?

Was im Charakter festgeschrieben,
Wird sich nicht ändern, ist geblieben,
So daß, was drum zu Bruch ging dann
Sich durchaus wiederholen kann. [1]

Er könnte von sich selber meinen
Als unentbehrlich zu erscheinen,
Und tritt im weiteren Verlauf
Deshalb sogar noch dreister auf. [2]

Es ist daher auch angemessen,
Das schlechte Tun nicht zu vergessen,
Weil die Versöhnung doch zumeist [3]
Als eine Schwäche sich erweist.

Und wer nicht klug wurd aus dem Schaden,
Hat ihn noch einmal auszubaden,
Als ob sein schwer erworbnes Gut
Wird fortgerissen mit der Flut. [4]

Sh. A. Schopenhauer „Aphorismen der Lebensweisheit"
1)-3) Seite 213, 4) Seite 229

Wie ein Graben

Er wollte mich begreifen,
Doch darauf kann ich pfeifen;
Kann manches, das geschehen,
Heut selbst kaum noch verstehen.

Was selber wir erleben,
Es kann uns Aufschluß geben,
Sofern wir es dann lenken
In uns zum tiefren Denken.

Das eigene Empfinden
Mit fremdem zu verbinden,
Wie soll es weiterführen,
Wenn sie sich nicht berühren?

Von außen einzudringen,
Wird selten nur gelingen;
Bewußtsein, das wir haben,
Umschließt uns wie ein Graben.

Erscheinung

Die Gedanken kreisen, kreisen
In den längst vergangnen Zeiten;
Wie Delphine auf den Reisen
Durch des Meeres tiefe Weiten.

Bis wir plötzlich Bilder sehen,
Eindrucksvoll aus unsrem Leben,
Die, als wär es grad geschehen,
Was verlorn noch einmal geben.

Gleich Delphinen aus dem Meere
Ins Bewußtsein sich erheben,
Der Erscheinung folgt die Leere,
Untertauchen und entschweben.

Treusein

Prüfe jeden Tag aufs neu,
Ob Du Dir bliebst selber treu;
Wenn ja, gibt's nichts zu bereuen,
Du kannst Dich darüber freuen,

Weil, wenn Reue an Dir nagt,
Diese Dich meist weit mehr plagt
Als das, was Du mußt bereuen,
Ließ Dich vorher erst erfreuen.

Deshalb bleib Dir selber treu,
Trenn das Gute von der Spreu,
Um Dir Unbill zu ersparen,
Wahre Freude zu erfahren.

Meine Galerie

In meinem Kopf, da hab ich sie,
So wie in einer Galerie,
Mit Bildern von so vielen Leuten,
Die mir noch heut etwas bedeuten.

Zum Teil aus meiner Kindheit her,
Im Lauf des Lebens immer mehr;
Sie starben, doch ich kann sie sehen,
Muß einfach nur zu ihnen gehen.

Nämlich durch meine Galerie,
In dem Moment erscheinen sie,
Ich kann in den Gesichtern lesen,
Als wären sie nie fort gewesen.

Besitz wird Last

Was Du nicht brauchst, wird zur Last,
Um so mehr Du davon hast;
Weißt beim letzten Wegesstück
Alles das, es bleibt zurück.

Einst hast Du Dich dran erfreut,
Keine Mühe drum gescheut,
Bis ein weitres Teil wurd Dein,
Sollte es für immer sein.

Deutlich wird die Illusion
Angesichts der Endstation;
Schmerzlich sich vor Augen stellt,
Wie dies alles bald zerfällt.

Der Blick nach vorn

Führt der Blick nach vorn zum Ende,
Auf das letzte Wegesstück,
Scheint sie angebracht, die Wende,
Zum Beginn des Seins zurück.

Als in unsren Jugendträumen
Leben voller Hoffnung war,
Die in unbegrenzten Räumen,
Trug uns leicht von Jahr zu Jahr.

Dies, in der Erinnrung leben,
Hilft uns für den Augenblick,
Wenn wir dem Verfall zustreben,
Auszublenden das Geschick.

Zur Lebensorientierung

Geht man durch des Lebens Mühle,
Sind es nicht die Glücksgefühle,
Die im ganzen überwiegen,
Manches bleibt im Argen liegen.

Nur des Lebens schöne Seiten
Solln gedanklich uns begleiten,
Und das Schlechte, unterdessen,
Gilt es besser zu vergessen;

In das Schicksal sich einfügen,
Für den Rest sich selbst genügen;
Eine solche Haltung preisen,
Letzten Endes, alle Weisen.

Sinnfrage

»Vernunft ist relativ zum Ziel«,
Fünf Worte, sie besagen viel,
Denn wer ein Ziel hat, sieht darin
Vergegenwärtigt einen Sinn.

Dies gilt in allen den Bereichen,
Wo man ein Ziel möchte erreichen,
Und dies bedeutet immerhin,
Daß vieles, was wir tun, macht Sinn.

Zum Höchsten*

Kein Wesen kann dem Tod entrinnen,
Die Natur ist wie von Sinnen
Gegenüber jedem Leben,
Das dem Zufall preisgegeben.

Grausam scheint sie, dumm zuweilen
Ihre Launen zu verteilen;
Wenige wolln sehn die Türen,
Die zum Sinn des Lebens führen.

Menschen, die nicht dran verzagen,
An dem Schicksal, das sie tragen,
Und im leidgeprüften Ringen,
Es zu einem Sinn hin zwingen,

Die Verzweiflung überwinden,
Dadurch zu sich selber finden,
Stelln zum Höchsten hin die Weichen,
Das der Mensch nur kann erreichen.

---

* Sh. Hermann Hesse „Lektüre für Minuten" S. 92 u. 93

Ihr seid in mir

Ihr seid in mir geblieben,
Ich bin wie Euer Grab;
Ein Grab für meine Lieben,
Die ich tief in mir hab.

Seit langem schon vergangen,
Lebt Ihr wie eh und je
Dort frei und unbefangen,
Wo ich Euch täglich seh.

Gleichwohl in weiter Ferne,
Hört Ihr nicht, was ich sag,
Komm ich Euch näher gerne
Mit jedem weitren Tag.

Das Grab, ich werd es pflegen,
So lang ich Gast hier bin,
Und Blumen darauf legen
In dem mir eignen Sinn.

Ein Lächeln

So oft sich ihre Wege schneiden,
Ein kurzer Blick, sie schaun sich an,
Ein Lächeln schenken sich die beiden,
Die junge Frau, der ältre Mann.

Als freundliches Erkennungszeichen,
Ist grade für die Ältren gut,
Was kann ein Lächeln doch erreichen,
Gibt auch ein bißchen Lebensmut.

Es zeigt, man wird noch wahrgenommen
Und daß man in den andern lebt,
Wenn solche Glücksmomente kommen,
Wie das doch gleich die Stimmung hebt.

Wir sollten öfter daran denken,
Es kostet nichts und bringt Gewinn,
Ein Lächeln anderen zu schenken,
Birgt in sich einen schönen Sinn.

*Die Auswahl der Gedichte dieses Buches erfolgte
hauptsächlich aus folgenden Lyrikbänden:*

 Daß Liebe unser Leben durchdringt ...
ISBN 978-3-8334-7977-9

 Für Dich
ISBN 978-3-8334-7975-5

 Sokrates läßt Deutschland grüßen – damit
Freiheit atmen kann
ISBN 978-3-8334-7988-5

 Schlaf, Bürger, schlaf
Dies Buch lies nicht, sei brav!
ISBN: 978-3-8423-0466-6

Armes Deutschland
Kritische Betrachtungen zur Rechtslage
der Nation und einiges mehr.
In Versform
ISBN: 978-3-8423-9549-7

„Kampfbereit" wie Bruder Jesus allezeit
Zu Guttenberg bewahr uns vor Trittihn-
nesen, Gysi-tor! Die Verleumder hier im
Land mach ich weiterhin bekannt.
ISBN: 978-3-8448-7206-4

Im Stadium der Reife
ISBN: 978-3-8448-3382-9